GUIA ECOLÓGICO INFANTIL DE ANIMAIS SILVESTRES:

GAMBÁ

MARIA LUÍSA VERRUCK TORTOLA

VOCÊ CONHECE O GAMBÁ?

CARACTERÍSTICAS

Pesam de 500 g a 2,75 kg, podem medir de 30 a 44 cm de comprimento e possuem uma cauda que varia de 30 a 49 cm. As fêmeas são normalmente maiores que os machos. A coloração varia bastante, com indivíduos escuros até quase brancos, mas normalmente são cinza-claros, com as orelhas esbranquiçadas ou pretas.

COMPORTAMENTO

Têm hábitos predominantemente noturnos e abrigam-se, durante o dia, em ocos de árvores e debaixo de troncos caídos. São excelentes escaladores, vivendo boa parte da vida em árvores. São animais de hábitos solitários, exceto na época reprodutiva.

ALIMENTAÇÃO

São onívoros ou seja comem quase tudo, principalmente insetos, frutos, sementes, roedores, cobras, aves pequenas, lagartos, rãs, além de comerem restos de comida humana e carniça. Podem ser considerados importantes dispersores (espalhadores) de sementes devido ao grande consumo de frutos e de sementes que germinam após a sua ingestão.

REPRODUÇÃO

MARSUPIAL?

Você sabe o que é um marsupial?

O Marsupial é um animal que carrega o filhote em uma bolsa após o nascimento. Eles nascem bem pequeninos e passam um tempo na bolsa da mãe para que cresçam. A gestação varia de 12 a 14 dias, e os filhotes passam aproximadamente 46 dias na bolsa de suas mães. Nascem de quatro a catorze filhotes, em média seis. As mães possuem de 9 a 13 mamas em sua bolsa marsupial. O desmame começa no 60º dia e vai até o 100º dia.

Enquanto são desmamados ele ficam com sua mãe e são transportados se agarrando em suas costas. Como uma van da natureza!

O nome gamba tem origem na língua tupi-guarani, GUAAMBÁ , O que significa "Mama oca", Uma referência a bolsa presente na sua barriga (marsúpio). Onde estão localizadas as mamas e os filhotes recém nascidos.

Ufa , deve ser cansativo ser uma mãmãe gambá!

Um...

Se encontrar um filhote sozinho talvez ele não foi abandonado. Muitas vezes a mãe está por perto e o danado está só dando uma voltinha! Nesse caso fique de olho por alguns minutos, para ver se a mãe volta.
Se não retornar entre em contato com os órgãos competentes.

COMO ELE SE MOVE?

CAUDA PREÊNSIL

Eles têm cauda preênsil. No desenho da Era do Gelo 2, os gambás irmãos adotivos da mamute, dormem pendurados pela cauda. Isso não é bem verdade. Na vida real eles são exímios escaladores e esse recurso ajuda a superar obstáculos e a chegar a lugares mais difíceis no trajeto. Além da cauda, as mãos são muito bem adaptadas para a escalada e muito hábeis.

MÃOS E PÉS

O dedão do pé é bem separado dos outros dedos e trabalha como polegar da nossa mão. Não tem unha (o nosso polegar tem), mas o gambá usa o dedão para segurar coisas com os pés (galhos, por exemplo) como nós usamos o polegar para segurar coisas com as mãos. Na foto abaio da pra ver bem como os dedinhos do pé dele são, bom, o pé mais parece uma mão.

DIDELPHIMORPHIA

ONDE ELE ESTÁ?

No Brasil são encontradas 4 espécies de Didelphs (gambás ou saruês). Nos EUA e no México eles tem o Didelphis virginiana e só. É aquele que aparece no desenho dos sem Floresta.

Por aqui temos o D. albiventris, o D.imperfecta, o D. marsupialis (assim como em toda o SC) encontramos o Didelphs aurita. Gente ele não é a coisa mais fofa! E ele pode estar tão próximo quanto o quintal da sua casa! Ah! E na Europa, na Ásia, na África, nos polos, ninguém tem gambás!! O gambá é exclusividade das Américas!

DIDELPHIS VIRGINIANA

Podem ser encontrados principalmente em florestas da América do Sul (mata atlântica) e da América Central. A crescente fragmentação dos remanescentes de mata nos arredores da cidade tem causado a aproximação dos gambás às áreas urbanas.

A restrição de sua área domiciliar, redução de seus predadores naturais como aves de rapina e felinos silvestres, o sucesso reprodutivo da espécie cujos filhotes permanecem protegidos na bolsa e a grande facilidade de adaptação ao meio urbano, são os principais motivos do aumento da população de gambás nas cidades.

PORQUÊ PROTEGÊ-LOS?

Com o enorme aumento nas populações de carrapatos e a disseminação da doença do carrapato (lyme), muitos amigos da vida selvagem estão recebendo gambás em seus quintais. Por quê? Os cientistas aprenderam que gambás agem como pequenos aspiradores de pó quando se trata de carrapatos - com um único gambá aspirando e matando cerca de 5.000 carrapatos em uma temporada.

BENEFÍCIOS DO GAMBÁ

Gambás, são um benefício para os ecossistemas e um ambiente saudável, além da erradicação dos carrapatos. Eles pegam e comem baratas, ratos e camundongos - além de consumir animais mortos de todos os tipos (também conhecidos como carniça). Os jardineiros apreciam o apetite dos gambás por caracóis, lesmas e para limpar frutas e bagas muito maduras.

Uma câmera de trilha capturou um momento de um gambá sendo um ajudante bastante útil - ele está comendo carrapatos na cabeça de um cervo!

Gambás também são resistentes ao veneno de cobra e, na verdade, se alimentam de cobras, incluindo espécies venenosas, como cobras cascavéis. Ter gambás por perto pode minimizar as chances de encontrar espécies venenosas perto de sua casa.

COMO PROTEGÊ-LOS?

PROBLEMAS

Ataque por animais de estimação:
Cães e gatos são os principais predadores de gambás urbanos, especialmente jovens gambás. As mordidas podem ser graves, levando a infecções, órgãos perfurados, ossos quebrados, danos aos nervos e morte.

SOLUÇÕES

Mantenha os animais de estimação dentro de casa ou local sem acesso ao quintal. Mantenha os cães na coleira. Se os gatos precisarem ficar ao ar livre, coloque uma coleira com sinos para alertar os gambás. Os gatos não representam uma ameaça para os gambás adultos, mas os jovens gambás estão em risco. Se um cão tiver que ficar fora à noite, tente limitar-se a uma corrida ou a uma pequena parte do quintal, longe de uma área onde os gambás possam passar.

COMO PROTEGÊ-LOS?

PROBLEMAS

Carros:
Muitos gambás são mortos todos os anos na estrada.

SOLUÇÕES

Dirija mais devagar à noite, de preferência na faixa central para ter mais tempo para reagir caso uma gambá atravesse a rua. Se você vir uma gambá morta na estrada, mova-a para o acostamento, se for seguro fazê-lo, e verifique se é uma fêmea com filhotes na bolsa. Se um gambá órfão ou ferido for encontrado, entre em contato com os órgãos competentes da sua cidade, um reabilitador de vida selvagem, veterinário ou abrigo de animais

COMO PROTEGÊ-LOS?

PROBLEMAS

Veneno:
Muitos gambás sofrem mortes dolorosas por envenenamento.

SOLUÇÕES

Não use venenos. Gambás, outros animais e crianças podem ser feridos e / ou mortos inadvertidamente.

Limpe qualquer derramamento, especialmente anticongelante de sabor doce. Não use veneno de rato.

Se você suspeitar que uma gambá pode ter sido envenenada, entre em contato com um veterinário ou reabilitador imediatamente. Seria útil se você tiver informações sobre o veneno, nome, ingrediente ativo, tempo possível de ingestão e quaisquer sinais ou sintomas apresentados pelo animal.

COMO PROTEGÊ-LOS?

PROBLEMAS

Piscina: Um gambá pode beber água de uma piscina, cair e se afogar.

SOLUÇÕES

Mantenha a piscina coberta à noite. Pendure uma toalha ancorada ou uma mangueira de textura áspera na lateral da piscina para que o gambá possa sair. Deixe uma tigela com água por perto para que o gambá não beba da piscina.

COMO PROTEGÊ-LOS?

PROBLEMAS

Lixo na rua: Gambás não usam sapatos. O vidro quebrado cortará seus pés delicados. Arame, barbante, sacos plásticos e outros tipos de lixo podem ser mortais. Além de atrair gambás para sua casa.

SOLUÇÕES

Não jogue lixo no chão e retire seu lixo no dia de coleta. Assim evitamos atrair gambás para comer as sobras.

RECORTE A MÁSCARA E SEJA UM GAMBÁ!

ATIVIDADE INTERATIVA!

Vamos fazer uma atividade diferente?

Colete folhas e galhos para fazer o habitat do gambá! Depois recorte e cole os gambazinhos da folha seguinte em sua nova casa!

PÁGINAS PARA COLORIR

PÁGINAS PARA COLORIR

PÁGINAS PARA COLORIR

PÁGINAS PARA COLORIR

PÁGINAS PARA COLORIR

PÁGINAS PARA COLORIR

PÁGINAS PARA COLORIR

PÁGINAS PARA COLORIR

PÁGINAS PARA COLORIR

PÁGINAS PARA COLORIR

PÁGINAS PARA COLORIR

PÁGINAS PARA COLORIR

PÁGINAS PARA COLORIR

AGRADECIMENTOS

É com muita satisfação, escrevo este agradecimento em relação ao guia ecológico infantil: Gambás. Gostaria de expressar minha gratidão à equipe do GOPAS de Florianópolis pela sua dedicação na proteção dos animais silvestres. Também sinto uma grande gratidão a minha filha, que me pediu para escrever este livro, me permitindo entender melhor sobre o gambá - um animal tão incompreendido que se tornou meu mascote pessoal. Espero que, através deste livro, as crianças aprendam sobre a importância da preservação da natureza e dos seres que nela habitam, e que, em troca, ensinem aos seus pais hábitos que incluam proteção de animais silvestres em suas vidas. Mais uma vez, gostaria de agradecer a todos que tornaram possível a realização deste projeto!

Milton Keynes UK
Ingram Content Group UK Ltd.
UKHW051818110224
437539UK00001B/12